DE LA AUSENCIA
y otros
HERRUMBRES

DE LA AUSENCIA

y otros

HERRUMBRES

María Antonia Segarra

DE LA AUSENCIA Y OTROS HERRUMBRES
2024

© María Antonia Segarra (Grace X. Peña-Parra)

LACUHE Ediciones
Web Site y contacto: www.lacuhe.com
lacuheediciones@gmail.com
1 (347) 993 4218

Diseño interior y cuidado de edición: Equipo de LACUHE Ediciones

Portada: Noel Santiago

ISBN: Véase en la contraportada

Todos los Derechos Reservados

Queda rigurosamente prohibida, bajo las sanciones establecidas en las leyes, la reproducción total o parcial de esta obra en su modo y contenido (incluyendo el diseño tipográfico y de portada), sea cual fuere el medio o procedimiento: electrónico, mecánico, químico, grabación u otros, sin el consentimiento previo y por escrito del autor. La infracción de dichos derechos puede constituir un delito contra la propiedad intelectual.

ÍNDICE

POESÍA

"De la ausencia..." 15

Bendición 16

"Es esta hora extraña..." 18

"Cayó la mirada definitiva..." 19

"Detrás del portazo..." 20

Enferma de distancia 22

"Aún conmueve el silencio..." 23

"Otra vez visité las horas de la noche..." 24

La sombra en su desliz 25

"Como dos bolas de sangre..." 26

Siempre hay una salida 27

Ciego 28

Sin comparación 29

Canto de la Parturienta 30

"Quién podría sentirse dueña..." 32

Precipitando 33

Presente 34

"Noche oriunda del día a pedazos..." 35

"Este consumir amores reciclados..."	36
"Afuera te partes en dos..."	37
No insistir	38
"Corría tras el sonido del agua, sedienta..."	39
"Ella se ha desprendido de su centro..."	40
"Sucumbir..."	41
Carta para dos	42
Lenguaje maravilloso del poeta	44
¿Quién eres tú?	45
¿Qué podría salvarnos?	46
Es el ruedo de la tarde	47
Residuos	48
"Amoldarnos..."	50
Quedan apagadas las lámparas	51
Concluyendo	52
Esperando el Día	53
Esperanza	54
Aparición	55
"He olvidado..."	56
"La absurda tragedia del tiempo..."	58

Dónde posar estos ojos	59
Primero de Julio	60
Un suspiro leve	62
He dicho	63
Deuda	64
¿Ves?	65
Perder	66
La que se yergue como un pistilo	67
Aunque nunca...	68
Piel de metal...	69
Esta indigestión de ayer que tengo	70
He vendido mi sueño a las palabras	71
La ceniza con su oscuro resplandor	72
Ya no amanezco	73
Y te nombro como un rezo	74
No sé contar historias	75
Porque transcurren las seis...	76
O no?...	77
Regalaría	78
Volver...	79

Cuando te vas…	80
Estoy fecunda como tierra mojada	81
Vida	82
Veía el mar	84
Yo caminé sobre	85
Corintios	86
Ya no	88
Soy la hembra	89
Huérfana de hijos	90
Vacío	92
Cosecha	93
Es necesario el refugio	94
Que la última palabra	95
Quién sabrá…	96
Que venga todo	97
Me habita como una polilla	98
Suposiciones	99
Miedo	100
He imaginado sus besos	102
Hoy no pude recodar	103
No lo pretendo	104

La noche adormece las comisuras	105
Lo conocí entre ciclos…	106
No hay sitio para esta cabeza	107
Nosotros somos los desconocidos	108
Arde la habitación del silencio	110
Desde mi ventana las estrellas	111
Si quieres…	112
Que el llanto corra	113
Algo me juega como un cumpleaños de niños	114
Florecer entre las ramas	116
Palabras perdidas	117

PROSA

Un imposible	125
Deep Confesion	126
La leyenda dice…	128
¿Qué quieres de mí?	129
Ella I	130
¡Ay, la gente!	132
Diagnóstico	133
Incongruencias	134

Arrojada exquisitez 135

Ella II 136

Ella III 138

¿A qué le temes? 140

Parálisis 141

Palabras y argumentos 142

La trampa 143

Reflexiones de domingo 144

Nacer de Nuevo 146

Tengo miedo 147

Un cuerpo desnudo 148

Invitación al vacío 150

A las seis de la tarde 152

Consecuencias 154

Conversaciones hipnagógicas 155

Deseo 158

ACERCA DE LA AUTORA............................ 159

POESÍA

"DE LA AUSENCIA..."

De la ausencia
y su huída
Yo tengo un refugio
un destino
yo rezo...
De cada uno de sus vuelos
me hago cargo
el lenguaje
es un verdugo ciego
a quien le comen las manos
¿Quién ha venido a buscarme?
Yo vengo por un camino poblado
y vespertino
acunando tu nombre
con palabras de otoño
sostenida de tus labios
como mariposas húmedas
volvamos sin recuerdos
sin muertes
sin abismos
¡resucitemos!

Está apenas amaneciendo

BENDICIÓN

Yo sé de los nacimientos en la tierra
a viva carne
cuando el viento evoca sus principios
encima de las montañas quietas
Yo he lavado mis ojos con sangre
frente a una ausencia que duele

quebré la noche en un cuarto
y bebí lentamente la vida hasta seguir
yo viví el infierno, desnuda
mis palmas desnutridas
y el torso cosido por gusanos
lavé mis manos en sal
y rocé mis dedos en los labios lacerados
saboreé cada herida en el picor
y grité debajo de las camas...

Sé esconderme del miedo
cuando el cielo se despedaza
y cruje como maldición sobre la
tierra

odiar hasta los huesos

lastimar los embriones que sofocan el invierno
humedecer cada hora con el agua que
destila la quemadura del cuerpo
Coseché la leche de mis pechos para las crías
y puse a sus pies mi corazón materno
hice la cita con los justos
acaricié el sabor del descanso bajo la sonrisa
la noche besó mi vientre húmedo
mi refugio entre las piernas

Pero la vida confunde
como la bendición de Dios
acuna ahora mis manos como burla
la aparición de un sentimiento que había perdido
ahora que los sauces han crecido sobre
mis lágrimas
ahora
que siento el calor de la muerte...

"ES ESTA HORA EXTRAÑA..."

Es esta hora extraña
desprendida
Ayer soñé que moría a esta hora
las manos se guardaban detrás
de su pelo
y sonreía
y mis ojos se acariciaban con su boca
Esta hora extraña
que avanza lenta y se agrieta
y no entra luz por las rendijas
no es oscura
no es clara

la hora terrible del sueño a destiempo

Si tan solo tuviera el mar cerca
si oliera el mar acercándose
el ramalazo del descolor
es como una herida que ya no duele.

"CAYÓ LA MIRADA DEFINITIVA..."

Cayó la mirada definitiva con la que me persignaría en las mañanas
voló un pájaro por las palabras
absorto como el principio
como si nada hubiera ocurrido después de enero
o después de la última en despedida
y aún se confunden mis manos tempranas
y ya viejas
y el titubeo frente al espejo
ese gran abismo de ausencia

no quiero ahuyentarme con las mariposas
podría robar la atención de su silencio.

Pero es solo el recuerdo
y trepidante despertar de las mañanas.

"DETRÁS DEL PORTAZO..."

Estoy girando,
veo los vitrales adornados
las gotas...
allá afuera está lo que se rompe
dentro está roto
pero yo no quiero que ella se rompa
la ciudad es tan larga cuando amanece a esta hora
la que no reconocen los ojos
el celaje en el espejo
ella se pierde en la oscuridad y el celaje
las piedras se acomodan
y se bautizan con lo que corre entre las grietas
las manos se unen
vacías
cuánto retraso en la misma cabeza adormecida
mírame amor
corrige las artesanías de la piel

y la humedad que se confunde con el sudor de las hojas
y la voz haciéndose mucosa de garganta vieja.

Yo escucho el crepúsculo
viene acompañado de una muerte joven

a esta hora
las sirenas cantan moribundas
y empañadas de silencio
caen sobre el recuerdo
me puse a trabajar con la noche
y me hizo de día el traje de los insomnes
afanosamente he tatuado lo que me viene bordado como un
rezo en el pecho
amor...
róbame en las bajadas
cuando parecemos detenidos ante el tiempo
el tuyo el mío
que corre y no se mira corriendo
corre y nos lleva enredados en la prisa
que no sabemos
que es la muerte
nuestra muerte anónima que no nos avisa
y se llena de lluvia
joven de luz.

Otra vez he tropezado conmigo
la que se asesina una y otra vez en su propia nigromancia
sal de palabra
y se queda suspendida
y deja la equimosis detrás del portazo

ENFERMA DE DISTANCIA

Enferma de distancia
vengo con un alto en el pesado ojo de la noche
y cientos de semillas negras en la garganta.

Dónde arrojar cada cosa
dónde reposar los dedos.

"AÚN CONMUEVE EL SILENCIO..."

Aún conmueve el silencio
se mueven dentro
jura ser mortal y no muere
lleva la luz como un esparadrapo
colgando
Vengo de silenciarte
de arrojarte a las galerías del fuego
de ausentarme del nido
revuelto como una casa de muñecas
y los rezos amanecidos en tus ojos

Rejuvenece el ardor de la grieta

No vuelvo

"OTRA VEZ VISITÉ LAS HORAS DE LA NOCHE…"

Otra vez visité las horas de la noche
anduve de dedos en sus ojos
y en la piel
colgué del péndulo
y la risa azul

Visité los balcones de la muerte
la piadosa tranquilidad de sus meandros
del eco y voz enterrada
corrí con los brazos abiertos al desierto de mi vientre

y el miedo
y sus imprecaciones
trepidantes en el ocaso
alguna cosa irremediable volvía a morirse

una y otra huella en trance al camino
desierto
¡amor mío! verdad purísima de lienzo
impenetrable oleo de los sueños
Ten piedad

LA SOMBRA EN SU DESLIZ

Hay una sombra que se desliza sobre el cuerpo
y acuna en seda la transparencia de los desvalidos
puede comer desde su mano
Hay una golondrina que vuela
Espinas en la ola de un mar de carne
que solloza frente a la huida cuando esta cerca
el silencio en la puerta
Un segundo hace la vida un filo corta el cuerpo
huye la sombra entre los matorrales calientes del invierno
No hay tiempo
la tarde en sus molinos viejos, recrudece
La sombra se desliza

"COMO DOS BOLAS DE SANGRE..."

Como dos bolas de sangre de la garganta a la mirada
y el niño que juega con las cenizas
ya no sueña más conmigo
tengo la sed de los que no han olvidado
mi nombre es un vuelo de pájaro perdido
la paralítica del lenguaje
ahogada y filtrada en las grietas
hincada con tu secuela de verdugo
y las alas del tronco mutiladas
Vuéla-me sobre un otoño crujiente
y adversario
Arrúlla-me de música
con las piernas abiertas
y el sabor a octubre

Envuelta en medusas
de noche
extraño el murmullo de la lágrima.

"SIEMPRE HAY UNA SALIDA"

Hay embestidas fuertes como un mar de arena
no sabes dónde sostenerte para contenerlas
hay que entregarse
abrazar el silencio y quedarme quieta
hay embestidas desde las manos que acurrucan
y nos muelen como un pedazo de carne
entonces
el abandono del dolor significa al fin la indiferencia
siempre hay una salida
aunque esta sea
solo la mueca inservible de la que ignora

CIEGO

Como cuando me hablas sin mirarme
y pasan las sombras debajo de tus ojos pálidos
Un olor a hierba vieja
y los recuerdos de la sucia abandonada

nada de eso aligera tu piel de hombre vespertino
caricias en un mausoleo
aún se recuerdan
mirada ausente del que finge dormir bajo su angustia
de pájaro vencido al vuelo
tu entierro viene de lejos
tu creer y no creer
el lamento de la mujer desnuda
acostada boca arriba
el suspiro a gatas subiéndote a la risa
¿A quién estarás mirando?
Si eres un ciego frente al abismo

SIN COMPARACIÓN

El acendrado negro de tus ojos
vuela como un pájaro nocturno
mi alma triste
alguna coincidencia con el infortunio
Detrás
galopan las historias borrosas
en el tiempo
vienes desde mis sueños
como un ángel famélico
ojeroso y otros males
sin comparación.

(Cada muerto tiene su propio lote)

CANTO DE LA PARTURIENTA

Vacío hueco profundo
lo que me corre como una noche larga
una deformidad de bocas asustadas
y yo no recibo
no me recibo con bienvenidas en el mundo
con titulares y panfletos en las esquinas
mi derrota es la raíz
las vértebras acosadas por la cama
el hastío de un lenguaje mutilado
lenguaje a gatas
Proscrita de la esquina de la risa
ausente de las galerías del sueño
viene el viento y sus hojas abismales
arrullado por la tarde en las traseras del domingo
haciendas de luz y sombras
orillada por los dedos de quien dice ser yo
y ya no soy la parturienta
el águila con sus ojos de agua
vela por mí
y anuda silenciosamente palabra por palabra al recuerdo
huyendo del tiempo
y la boca del infante ya no mama
no se desvive por el pezón lechoso y titilante

Hoy no hay madrugadas sigilosas en portales de humo
El vientre está vacío
llora su pérdida
anida solo al viento y es de soledad su canto
Y ocurre que ya no son de brazos

andan por las calles y ciudades viejas
y la brisa de otoño que despeina el mar
me cubren en la sepultura más cercana
orillándo-me a la piedra que me cuelga como el alma
son ojos como fosas que brillan en amores pasados
réplicas de vidas que salen de mi vida ocultas tras el manto
y son como palomas en su augurio
como ríos de tres meandros
salieron de mi carne y su envoltorio
hincharon cada uno de mis senos
ahora a rodar
rodar con el Credo en el pulgar
con el Avemaría cada noche
pronto será

"QUIÉN PODRÍA SENTIRSE DUEÑA…"

Quién podría sentirse dueña de unos ojos
de una boca
de la palidez de una piel desconocida
Quién
bajo el tremor del insomnio
abrazaría las desdichas de unos pasos bajo un manto de
lluvia…

Este anonimato ciego que no sucumbe
viaja despacio en las horas que
gimen como lobas
sin nombrar
sin la mirada latente a lo desconocido
soslayada ante el rezo del que se ha ido

Construyo con mis huesos
un refugio pálido
Una cárcel sin barrotes.

PRECIPITANDO

Este vuelo sin destino
y la lealtad comiendo las migajas
y la orfandad de una razón terrible
Hace tiempo que no me encuentro
que ruedo por el callejón del lenguaje
desconocido como las fotos de galerías
austero
porque vive del hambre
A veces me sorprendo a las seis de la tarde
con los ojos famélicos de estrellas
a veces no siento las piernas
y me arrullo como a un recién nacido
con el murmullo de las mariposas
que aletean detrás de las puertas...

PRESENTE

Deberás estar leyendo
las noticias viejas de la risa
la cantidad de hojas que han caído
desde la última pisada
Deberás estar oliendo un café frío
sin el resguardo de la primera luz
Deberás tener las manos quietas y
sedientas
como los ríos congelados
como si dijeran un adiós

olvidándose
en el vaivén del ademán
De hecho no lo sé
de hecho
solo me alumbro con
lo que fuera el resplandor de un pasado...

(Acaso me sorprenderá la muerte como un regalo)

"NOCHE ORIUNDA DEL DÍA A PEDAZOS…"

Noche oriunda del día a pedazos
voy a regalar-me
un sacrificio desmesurado por tu luna
y más que eso
un postigo a tu suerte
la esfera sin picaporte
una ruleta a medio girar
sin ademanes esta madrugada
sin el "lullaby" de la cuna mecida
simple como cualquier cosa
y es el temeroso movimiento
trepidante debajo de las sábanas
que juegan a la intemperie
como una mariposa nocturna

Escucha el viento… contiene risas

"ESTE CONSUMIR AMORES RECICLADOS..."

Este consumir amores reciclados
besos repetidos
orfandad de recién paridas
a medio círculo
esta búsqueda en pozos secos
muebles arrumbados de casa vacía...

¿Por qué regresan?

Ya no nadan los peces de colores.

La misma mierda en tiempos diferentes

"AFUERA TE PARTES EN DOS..."

Afuera te partes en dos
y cuando viene el día
inclinada
como la pesadilla de una noche
huyes con los andrajos de las horas
que aún se saborean en la boca

Te huyes como a una leprosa
hundida en las cosas que no pasan
Ya no hay alas
crees que te desentierras como una flor
recién nacida
y todas las rosas están jodidas

NO INSISTIR

> *"I told ya I'm a troubled,*
> *you know that I'm not good"...*
> (Amy Winehouse)

Sin acercarte mucho
esto de interesarte es un disparate
ni de coña me coge la vaina esa
Que llevo un par de pasos en
ventaja
sigo de noche y no amanezco
me rompo cuando llueve
soy un asco los domingos
no es buena idea
vivo escueta y escribiendo
creo que me entiendes sin palabras
te digo, ¡un desastre!

y el suicidio
y llorar por un poema
y ni qué decirte del maldito silencio.

"CORRÍA TRAS EL SONIDO DEL AGUA, SEDIENTA…"

Corría tras el sonido del agua
sedienta
corría buscando entre la maleza y los árboles
Había pájaros
debía estar cerca
sonaba abundante y de anchos meandros
Imaginaba su transparencia
el fluido de su paso
la frescura…
Corría casi a tientas deseando tropezarme con la humedad
pero solo había hierba seca

He vivido una esperanza
mi sigilo me anunciaba
Escuché la correntía voluptuosa del agua
apostaría mis piernas a que pronto jugaría empapada
Por un instante he vaciado mi alma
he proliferado mi carga
he olvidado mi última pena

Me han caído unas gotas de rocío en los labios

"ELLA SE HA DESPRENDIDO DE SU CENTRO..."

Ella se ha desprendido de su centro
se ha iluminado en su caída lenta
es suave al viento
se origina de la orfandad
pronto estará desvanecida
sin tropiezos
el suelo brilla cerca... lejos
y su desprendimiento aún prematuro
quedó trepidante en su expansión única
Ha detenido su caudal
y la protuberancia ha frenado su
desempeño final
Gota maldita! que ensució mi "sweater"

"SUCUMBIR..."

Sucumbir

sin un paño que me anide la mirada

sin palabras que sofoquen mi garganta húmeda

con su nombre

quieta

El tiempo pasa y ha rezado mis esperanzas

hilos de mi vida ya rancios de su ausencia

desvanecen toda duda sobre un horizonte ignoto y mugriento

el olvido se rehusa a mi daga

la noche avanza

CARTA PARA DOS

A nadie jamás podré decirle estas cosas, no son especiales ni contienen nada exclusivo, son solo palabras, que tal vez ya dije alguna vez, no recuerdo a quién, pero que ahora te las digo a ti, o tal vez no se las había dicho a nadie igual que como te las estoy diciendo a ti. No importa, son solo palabras fáciles de olvidar, fáciles de dejar tiradas en cualquier cajón, junto a cualquier libro, dentro de las claves de cualquier anotación de matemáticas, son tan sencillas y tan comunes y son para ti.

Dichas de alguna manera que puedas entenderme, con un trozo de historia y de deseos que vivieron en mí, no ahora, no un antes cercano, tal vez siempre vivieron en mí como un altercado con mi futuro en el cual reprochaba desde ya que tenía que ser.

Pero eran solo mis reclamos, reclamos a nadie, porque nadie era a quien conocía en ese entonces y el tiempo corría como un enorme río sobre mi ciudad. Pudo haber sido cualquiera, pero fuiste tú, a quien no llamé, ni solicité una cita, a quien jamás hubiera hablado de depender de mí, a quien jamás hubiera encontrado en sitio alguno dentro de mis límites. Fuiste tú en quien me deshojé, perforada de lado y lado, para que vieras a través de mí. Fuiste tú a quien mencionaba en mis oraciones como la bendición y la luz...la luz.

Fuiste tú, quien anidó en mí como una contradicción. Y no pude esperar, no pude deshacerme de esa sonrisa, del olor... la madera de tu piel... aún ahora puedo dibujar minuto a minuto a dónde nos llevó cada camino. No hubo grandes recuerdos, ni grandes palabras, siempre fueron como estas: sencillas y fáciles de olvidar. Y fuimos diferentes aún para nosotros, la resistencia a dejarnos llevar y cegarnos como dos locos grandes de tiempo y espacio, demasiado miedo en el tiempo... Ah, solo que olvido un detalle... ahora, recién lo olvidé, ese inmenso juez del cielo y el río: el silencio... y desde su abundancia... me apunta como un arma letal.

LENGUAJE MARAVILLOSO DEL POETA

Lenguaje maravilloso del poeta
del malvado y de los sabios
quietos en sus aguas al filo del empujón
de los más
de los menos
de los que mucho hablan
y no dicen nada
de los que no dicen nada
y con una palabra matan

Alfonsinas de los rieles del lenguaje
ante el borde carcomido de la historia
Sálvame del ruedo de este mundo
acaríciame con tus palabras desconocidas
y en gritos ante esta naturaleza que ya harta
teje tempranamente su olvido...

¿QUIÉN ERES TÚ?

—¿Y quién eres tú?
—La que se desvela y tranquiliza su sueño
la soledad en sus días de lluvia
Soy su espacio diminuto y vacío
el reflejo de su antiguo espejo donde tantas veces
se ha visto morir
Soy de su silencio... la voz

y de su tersura... los dedos
El amor que le sobra en cada encuentro
La mirada que gira sobre los hombros

Soy su sombra
la maldición de su existencia

La más oscura historia de sus días

¿QUÉ PODRÍA SALVARNOS?

¿El silencio?
¿Una alcantarilla seca
luminosa?
Tal vez algunas palabras
al azar
el encierro
la tentación de tocar
y tocar
Qué podría servir ahora
y retener el instante
que es arena
muchedumbre
¿ignorarte como un dolor de cabeza?

(No hemos aparecido en los obituarios... hoy)

ES EL RUEDO DE LA TARDE

Es el ruedo de la tarde que aún parpadea
yo sigo quieta esperando la hora de la soledad
la complicidad del pensamiento que corre
hacia la saciedad de ti
único lugar para saborear la costumbre
de tus manos y el peso de tu cuerpo
¡Pero qué digo!
En qué cosa absurda pienso
bajo la resolana luminosa

La cacería de estos días
a veces se confunde con agua

RESIDUOS

Lo que queda de las palabras
ese residuo arenoso del final
la incertidumbre de la nueva apertura
lo desconocido interrumpido en las comisuras
al frío que compadece la noche
Ofréce-me como algo irrecuperable
un amarillento recuerdo que de tanto absorber tiempo
ha quedado de náuseas
ese pulso nostálgico de vientos lejanos que ya no
despeinan las ramas danzarinas
¿qué de ti y de mi?
invisibles como estatuas en el medio de la ciudad
qué de todo el celaje y la furia y el odio y lo demás
este abastecimiento de troncos muertos
convertidos en el vestido innombrable de la tarde
o en oscuros callejones de la imaginación
¡Quiero una migaja!
una gota que reviente en partículas pequeñísimas
y me bañe de incansables sueños
recóge-me del camino
aquel que va de oro gastado
o de aquellas noches de desenfrenado caudal
galopando en nombres asustados en la boca

la locura
lo vivido
el ardor como un ganglio en el corazón
derretido en las venas
calentando un olvido nefasto
(...y bueno, lo demás).

"AMOLDARNOS..."

Amoldarnos
como nuevas hojas que nacen del
mismo árbol
acomodar nuevamente los dedos
las piernas
acompasar nuestra respiración
acomodarnos
las almas
reconocerse una
otra vez
con la otra y la otra
los cabellos
las lenguas
adivinarnos
como extraños que nunca se han visto
y de repente se fija uno en el otro
despacio
como una luna que cae

QUEDAN APAGADAS LAS LÁMPARAS

Quedan apagadas las lámparas
y sus desiertos de aceite perfumado
lo que puse sobre la cama y su silueta
He venido de aquellos pasos

Yo
que dije
hice y pude
yo, muriendo como todos
y la niña que me ve y me sonríe
cortándo-me el cabello y quiere jugar

Allá las novicias con sus cantos y Rosarios
y yo a ciegas
rozando las paredes
ya no sé qué fue del camino
de aquel incendio no quedó nada
todos los cuerpos quedaron desnudos
Y son lo que fueron siempre detrás de las cortinas...

¿Para qué hablar del escondite pútrido?
A mi alrededor las lámparas se
balancean con el viento
y suenan como cascabeles

(y están apagadas)

CONCLUYENDO

Acostumbrar este cuerpo a tu muerte
alusivo a tu saliva inacabable
a la gran hegemonía trepidante en
pedacitos terribles
tu palabra fuente de agua sucia
irreversible a cenizas
en los azules
de tarde
cuando ya a nadie le importa

ESPERANDO EL DÍA

Toda la ceniza del mundo se ha posado aquí
pero está oscuro
si tal vez aún hubiese fumado...
Oscura y suave a los dedos
como una seda deshilada
aún la imagen de las piernas abiertas
fresca
como una flor madura
Toda las palabras buscan refugio
hay un ardor en los ojos
nieve en la espalda
lo que supo a miel ahora no tendrá sabor
viene la lengua con un viscoso anuncio de alguna cosa
húmeda de un recuerdo inexistente
cercana y augurando la victoria

Las velas alumbran los muslos
como un vértigo
calientes corren por las ingles
Pronto vendrá la claridad
he de empuñar mis ropas

(nunca es tan larga la noche...)

ESPERANZA

Y es el mundo con toda su impertinencia
todo su hielo derritiéndose
 toda su magia gastada
sus muertos y sus angustias
en una gran tinaja
y el que cree que sabe
y no sabe nada
y todo aquello que se ocluye
y perdido se olvida
una cúpula de cristal molido
sonrisas de trapo
y la frente manchada de tizne
se mira al espejo cada mañana
todas las imperfecciones de sus ojos
y su nariz torcida
y alguna cosa
cuando se levanta frente al mundo con gentes que gimen
y no esperan nada
es cuando jode el destino como una parturienta

APARICIÓN

Me fui de calles
y he tropezado con su destello
lo que sigue caminándome el cuerpo
en silencio
y no duerme
la luz del niño caído
el árido mar que se abalanza sobre las rocas
y su blancura se agudiza trepidante hacia la tarde
perdido sus ojos, tal vez
el templo es un espejo
alguna cosa que se haya arrojado de bruces
y haya roto el tiempo.

"HE OLVIDADO..."

He olvidado.
¡Camposanto del sentimiento!

He vivido y he olvidado
y del polvo, la carrera de los peces
como si se me fueran los ojos
detrás del rojo y el vinagre
de amaneceres pánfilos de desvelo

Llevo la neblina y un letargo amarillento
que convoca los presagios de tu boca.
Siento de la piel parida niños huérfanos

y no tengo una vela encendida
ni una voz
ni las señas del viento sobre los ojos
ni un picaporte que me unja de esperanza

y en un trozo blando de agua me he acariciado
del otro lado de cualquier abandono
como una luciérnaga frente a la luz.

y tú invocas al tiempo

con tu rito de hombre
me aseguras el mármol frío de otros tiempos
arrebatado de cuentos milenarios

Yo me construí de arena y pasillos interminables
de terribles meandros secos
donde se cultivan lluvias jóvenes
proliferadas como una sombra de ave

Amor de mil virutas... ¡vengo de ti!
y de tus ingles profundas
mi rezo es un reflejo de toda cascada
que inundan tus oídos

y el ruego interrumpido
viaja en dialectos irreconocibles.
Quiero decir tu nombre
y me arrebata el olvido

de ti como una sombra desprendida del cuerpo.

"LA ABSURDA TRAGEDIA DEL TIEMPO..."

La absurda tragedia del tiempo
con su cansino acabar y no acaba
aturde a las palomas en los parques
enloquecen en tus manos arrugadas
sus patas incrustadas en los surcos
y afán de hacerles entender
qué hace el tiempo
mientras ellas, ignorantes de tu vuelo
solo pican de tu mano aquello que no las deja morir.

DÓNDE POSAR ESTOS OJOS

I

Después de todo, mencionarlo sería
trillado, pero han bailado mis flores
se ha endulzado mi rostro
acaso mis manos han elevado un vuelo
de mariposas.

II

Qué será de los besos
y las caricias taciturnas
qué será de las comisuras rezando
en otros labios las plegarias del Cielo.

(Dónde posar estos ojos que te buscan...)

PRIMERO DE JULIO

Porque ando y no ando
fuera de mí
arrastrada como la serpiente
que se ha quebrado sin huesos
el espinazo.

Esta noche no me pertenece

aún no nazco
no he sentido el asfixia de un estrecho camino
suspendido desde afuera donde me voy a conocer
¿Será?...
Aún no existe el tiempo en que me destrozó
y perdida se oye mi canción por las calles de una ciudad desconocida
ni encuentro a los hombres que me conocen del revés...
no he desdibujado cada una de las horas
sobre la hegemonía de mis venas hinchadas
latiendo muerte.

Ni las violetas misteriosas se crecen en mi ventana.

Aún no nazco
ni se ha desarrollado mi voz ronca de fumadora
ni el humo de mi garganta me aturde en los ojos
no he resuelto aun el suicidio de la carne
la mirada perdida de los ojos hambrientos
Aún no decido no amar o amar demasiado

la desnudez como la única excusa a la transparencia.
Aún no conozco tus ojos
no me tropiezo con la viruta de tu sombra
que se moverá como un aguijón audaz sobre mi cuerpo alterado

¡Aún no nazco!
ni me sueño con un montón de palabras esperándome sobre la tumba
arrepentidas en el desasosiego
y su maldición...

UN SUSPIRO LEVE

Un suspiro leve
la sombra de tus ropas
la ceniza que vuela erguida
en su destino de quemada
y la certeza... queda en el roce
en el gesto preciosísimo
del silencio que cae
y la orfandad del velo, acaricia

y el poema nace
y es un espejo sin reflejo

Yo, descalza, rezando tu cuerpo
como si hubiera muerto
me he perfumado las muñecas.

HE DICHO

He dicho
Yo he dicho
pronunciado palabras
movido la lengua
arrastrado la lengua
suave como un beso que gusta
encrispada y altanera
chocando
con el coño
con el falo
con la paliza
con lo que no quiero hacer
ni pronunciar
se yergue la lengua
y se ha puesto tiesa
ya no querrá el aire de
garganta, seco
que la obliga
la somete.

Pero no podrán
¡Nunca podrán!

DEUDA

Amaneci cuajada como una gota
en la ventana
húmeda
e insurrecta
y los pezones
como dos lunas grises a mediodía
buscan el sol...
 te debo el día hoy.

¿VES?

¿Ves?
Soy una luna de domingos
el abrevadero de tu cansancio
el ocio a las tres de la tarde
unos ojos de agua
una esquina sin nadie esperando
el suicidio de muñeca...

Soy lo que no puedes creer que te haya sucedido.

PERDER

Decidí perder
marchita como una rosa en la mañana
perdí lo que importaba perder
manos vacías
pasos perdidos
perder, la nada
lo que se aleja de la humedad del cuerpo
lo que no se prueba
no sucedió
Decidí perder
el río se pierde en el mar

No perdí huesos
ni la vista
ni las llaves de la casa
no perdí la voz
ni mis poemas

Pero perdí
y lo asumo por mi cuenta.

LA QUE SE YERGUE COMO UN PISTILO

La que se yergue como un pistilo...

La que se yergue como un pistilo cada mañana
es ciega como un relámpago a media noche
tiene cortaduras en las manos
ocluidos los pezones
sonríe
y tiene silencios
¡tantos!
como sus voces internas
escribe y se reza como a una muerta
un Avemaría la socorre todas las noches
por aquellas... que han quedado huérfanas.

AUNQUE NUNCA

Tú que me dirás dónde dar el primer paso
cómo sostener el primer beso
como a una prematura
como quien amamanta con su voz cálida
y ríe
y su risa deshidrata las alcantarillas de la noche

Tú me enseñaras como la primera vez
con algún hilo que nos una sobre las miradas ajenas

desnuda y propicia para la muerte
bendecida por tu saliva que me cura y bendice
la carne

vendrás con alguna queja de caminante vencido

y escondido de las letanías del insomnio
con mis cabellos cubriendo tu garganta de inocente.
Como la primera vez aunque nunca...

PIEL DE METAL

Piel de metal
y manos en desorden
tocan... tocan sin tocar
es como acariciar una piedra
venas ásperas arqueadas como cejas
 nada que ver con el atardecer
ni con la ropa mojada de mar.
Has desaparecido aun estando frente a mis ojos
Fantasma sin cabeza ni fuerza
ecos de palabras fantasiosas me dejaron
Perpleja como papel en blanco
Boca llena y artilugios fantasiosos
Vas y vienes al son de esas caderas
Has creado la Fuente de un deseo inexistente
Ya no quiero.

ESTA INDIGESTIÓN DE AYER QUE TENGO

Esta indigestión de ayer que tengo
este mal sabor de la boca a la garganta
de un nombre atravesado
carbón ardiendo en el estómago

esta sorpresa de repente al inicio de
cualquier cosa que me haga cerrar
los ojos
cuándo es que viajan las abejas
cuándo es que se despeja ese pedazo
de Sur

El mundo... se quedó sin un sueño

HE VENDIDO MI SUEÑO A LAS PALABRAS

He vendido mi sueño a las palabras
lenguaje obsesionado con su sombra
horror de noches como esta

Las preguntas se oxidan bajo la cama
mundo incompleto
sin el juntos que parecía eterno...

Mi peor silencio
con alas de pájaro febril
grita contra las paredes
y me ignora.

LA CENIZA CON SU OSCURO RESPLANDOR

La ceniza con su oscuro resplandor
y su olor a cuerpos enterrados en el
mundo, incinerados sobre sus lechos
de infieles húmedos y exquisitos.

El vaho adormece los pájaros que
ingenuos muerden desde su vuelo un
espectro desconocido.
Su fuego ausente, con su sombra
desprendida
vaga como una noche sola.

Acaso se acerca un sol desconocido
detrás del pedregal

estaría ciega que no vi la luz…

YA NO AMANEZCO

Ya no amanezco
ni en mi noche
ni en mi nicho
arrojada al mundo
rodeada de gorjeos
y la acupuntura de las horas
que desprenden hilos

Ya no vendrás...

No correrá tu lengua como flama sedienta
por las caderas cansadas
ni volverás al letargo arrebujado
en mi tarde sinuosa
y todos los pájaros en sus vuelos
terribles
confesarán sus despojos
y la bruma...
abarcará mi herida ostentosa de
primavera

He de recostar mi cabeza al viento que
me sobrevendrá
y hará sonreír mis religiones perversas.

Y TE NOMBRO COMO UN REZO

...y te nombro como un rezo
un desprendimiento
algo inefable que
desciende
y se posa tranquilo
como la aparición de la muerte, súbito.

NO SÉ CONTAR HISTORIAS

No sé contar historias
perdí el alma por ahí
De pequeña me gustaba coleccionar
hojas de cartas perfumadas
alguna vez, pensé vivirlo así
alguna vez lo viví.
Aquel pino era tan alto
y el silencio tan escaso
Ya casi no tengo recuerdos
me quedan algunas lágrimas
algunos besos
la paciencia de la que espera

y los atardeceres…
corro detrás de ellos
como de sus ojos.

PORQUE TRANSCURREN LAS SEIS...

Porque transcurren las seis...
y ya se acabaron las venganzas
y el mundo rima
y los amaneceres se regodean
en las esquinas donde se han perdido las horas
no es casualidad este pregonar-te como un periódico
hurgar-te en los rincones,
en los pensamientos de los caminantes,
en todo aquello que huele
y se mueve
y se desprende a las seis de la tarde
para convidar la oscuridad

mi rezo te nombra como
un desprendimiento
algo inefable que desciende...

O NO?...

Siempre supe que nos costaría

la visión

el entusiasmo

pero también la calma

el desasosiego

todo cobraría al final

pregunto para qué

todo esfumado como un cigarrillo

en medio de un ventarrón

al final y al principio

siempre es lo mismo... ¿o no?

REGALARÍA

Le regalaría la mitad de cualquier
pedazo del cuerpo
no habría diferencia
la mitad
 de la vida o de la Muerte
El sueño ambulante danza frente al día
y un profundo desvelo agrupa
aturdido en la noche
Es como la mitad de la náusea
a mitad del paso
íntegramente Partido
absolutamente incompleto

VOLVER...

Tal vez sea tiempo de volver
las olas han descendido al arrecife
los pájaros han regresado a un vuelo
seguro
y el polvo asentado en las virutas
Sueño imposible: la sonrisa
Ocupadas las manos
pletóricas de un deseo antiguo
Desconozco todo aquello que rondé
el pedregal áspero de las sienes
¿Dónde he perdido tus miedos?
Y mis comisuras detrás del beso...
Todo regresa
como las mañanas de verano
Arde la habitación del silencio
La ausencia es cosa del derrumbe
de aire suspendido en la distancia
los ojos
es un rezo
colgajos de miseria

Volver...
Afuera los pájaros nocturnos
rondan mi cabeza

CUANDO TE VAS...

A Manolo Hernández (Manny)

Al fin has quedado bajo los
escombros
con los que tantas veces tropezaste
 rodajas de memoria ahora se desgastan
en un aturdido silencio cómplice de lo
terrible y el apego...
¡Qué sólida es la muerte!

ESTOY FECUNDA COMO TIERRA MOJADA

Estoy fecunda como tierra mojada
oriunda de la Lluvia en la última noche
se metió en mis orificios
trepidante y confusa
como las novicias en su primera
excitación
delante del refajo
un círculo amarillento lleno
de consciencia y recuerdo
culpables y deseosas

es profundo
pero no quiero hablar del mar
reinan las horas que no producen
nada
revelaciones y revelaciones...

VIDA

La vida es algo tan extraño, en ella se encuentran los seres humanos y en los seres humanos se encuentran las emociones, los sentimientos y todo aquello que mueve el subjetivismo del mundo. No obstante, lo más impresionante es cómo de las invisibilidades del ser humano, pueden desprenderse grandes rocas aplastantes, tanta miseria que desencadenan tragedias, pero también tanta inocuidad que estremece.

En su forma primitiva, el ser humano está acostumbrado a defenderse de todo: de la naturaleza, pero también del otro ser humano. No se nace con esa cualidad, pero la vida nos va moldeando y dirigiendo hacia esa curva y no sabemos qué nos encontraremos del otro lado, todo es oscuro, en tinieblas, un ruido caudaloso que no sabemos de dónde viene y nos mantiene a la expectativa, pendientes del golpe. Sin embargo, siempre hay un remanso y nos relaja y nos hace confiar, nos hace creer, extirpar el ganglio de la desesperación y la incertidumbre y reposamos la cabeza con cierta ternura.

Nos movemos en territorios que no escogemos muchas veces. La necesidad nos lleva a lugares que debemos "enfrentar" con entereza y resaltar ciertas cualidades que deben obtenerse en condiciones que allí nos toquen vivir. Nos obliteramos siempre en el amor, buenas y malas acciones son justificadas por amor, en nombre de "esto" se han cometido los más atroces crímenes, las más arduas luchas. En nombre del amor, el tremor de los dedos se convierte en una sublimidad espontánea, el balbuceo y la confusión pueden ser la estancia, la inapetencia y el cúmulo febril del cuello son las impacientes horas de espera; el hormigueo, la náusea, la vista borrosa, el desfallecimiento, el palpitar de la vena apresurada en la muñeca, hace del amor lo palpable, el consciente tangible del embelesamiento... y el hombre se encoña y la mujer desmerece tras sus senos en el vuelco del sexo fingiendo y gozando; y la identidad juega a esconderse y las ganas parturientas comienzan a tener sentido. Los ojos se convierten en abismos atrayentes para quien refleja más allá del deseo, remansos suicidas, estancia perenne: Una quimera.

El ser humano... tan impulsivo, tan retraído, tan a la mano, tan distante, con todo el peso de los pecados sostenidos por el cristo va perdido, sin ruta ni Norte, adyacente, con flores en una mano y el puñal en la otra traicionando a los amigos, engañando hasta su sombra... y la esperanza en la otra esquina, esperando siempre al herido para sanarle y devolverlo al ruedo de la mierda... y así, muy así, es la vida...

VEÍA EL MAR

Veía el mar desde un cuerpo ajeno
Hay trinos
Abominables secuencias de campanas
y sus ojos
como lámparas agotadas
y una bruma que resucita desde el vientre
y el mar azul
que no puede revivir su propio muerto
Es la cruz de palo
solitaria
es el humo que aturde los huesos
y la lengua
brillo incesante
aturdido los sentidos
un solo cuerpo compartiendo la muerte ahora.

YO CAMINÉ SOBRE

Yo caminé sobre esas piedras
aluciné
como si fueran hojas se acercaban sigilosas
al abismo
una y otras como manos con ademanes terribles sobre
la carne
pero sucias
pero lúgubres
sombrías como el hambre de un niño
y era todo aquello que encierra un derrumbe de alguna cosa
y ese olor de los caminantes dormidos en las calles...
Yo fui al paradero de la queja
vi mi muerte que se multiplicaba
como sedas ahuyentando el odio
me vi desierta y quemada
con tus hijos de luz sobre mi vientre...

CORINTIOS

El tiempo ha pasado
como siempre pasa
como buen sepulturero...
las coordenadas trazadas sobre
la mesa
un horizonte siempre nuevo
y el mismo de siempre
lo que retenemos entre las manos
y las piernas
el confuso sonar del mar
parece como que deja
un susurro indescifrable con
grandes misterios devoradores
del lenguaje.

Pasa el tiempo
y regresan los idilios de vida
la ilusión viajera que nos hace soñar
regresa todo intacto desempacado
como nuevo y experimentado a la vez
pero es el círculo inagotable
lo que no es nuevo
pero sorprende como si lo fuera

el continuo tintineo de la gota en la misma roca.

Calcificada el alma...
¿Ya no ama?
¡Corintios! ¡Háblame de tus cartas!

YA NO

Ya no me das ganas de llorar
ni te me derrumbas como una lluvia
ya no me brillas como un relámpago
ni te me encaramas en la cabeza como
un dolor

ya no te me mueres cada noche y te
resucito
ni me propones matrimonio en la
fantasía contigo

Ahora ya ni sé cómo sobrevives…

SOY LA HEMBRA

Hembra de cuajo y caderas
con manos de madera
aterciopelada
y ojos fundidos de atardecer
y lengua de fruta nocturna

crújeme como una puerta
antes que la brisa de azote.

HUÉRFANA DE HIJOS

Soy una huérfana de hijos
en la soledad del vientre
 y el silencio de la nana ahora es la
pesadilla de la cuna

soy una mujer encriptada en su pecado
azarada por la herencia de sus carnes
asisto a mis velorios
guardo el grito sonriendo al mundo

sobre los paños secos se barren las
cenizas de los brazos
y entonces...
¿Dónde van a parar los comienzos
los finales?
¿En qué remolino se ahogará la voz de la
inocente?

Y hubo palabras siniestras
y de amor
y hubo caricias
y besos
y también cuidados
y desvelos

ya se deshoja la rosa de la culpa
y queda el vacío terrible y anónimo
y qué importa el amor
los besos
el desvelo

el final está cerca.

("Arroró mi niña, arroró mi sol
Arroró pedazo... de mi corazón").

VACÍO

El vacío es eso
un arrojo
sin la tristeza o la alegría
una nuez huérfana del mundo
ese paso trepidante
fuera el color
inalcanzable a la muerte
susurro de súplicas
la tarde después del mar
el rezo en una iglesia…

Otra vez tú y yo

COSECHA

Ahora meterás tus manos en el agua
en la profundidad de un suelo muerto
y ahogado
teñirás tus dedos de fango
tierra agrietada
resequedad del tiempo
sembrarás allí la semilla
primavera que brota
y dentro estremece
parirás la tierra de tus manos
la savia que alimentará
la cuenta regresiva de tus días...

ES NECESARIO EL REFUGIO

Es necesario el refugio
de ojos
de brazos
de silencio
un refugio hondo
y cálido
despedazar de vez en cuando
los muertos
morder la manzana
escuchar a Chopin mientras
se arrastra una cadena

un refugio como una grieta
que esconde un escape del mundo
y lo terrible...

QUE LA ÚLTIMA PALABRA

Que la última palabra
que escuche sea de tus labios
que el último olor que perciba
sea tu perfume
mi último palpo
tus manos
tus azabaches
mi última mirada

el regalo de la muerte
puede ser benevolente…

QUIÉN SABRÁ...

¿Quién sabrá hacer-me de palabras?
reconocer-me como un largo
camino
o tal vez como algo que hubiese sido
¿Quién habrá de quedar ciego
ante el miedo de mis dolencias?
un verdor en la tarde le sorprenderá
por bajar al alma y ver sus candorosos
ojos
un punto en la blanca pared
y tu nombre sediento
se pronunciará como
una campana latente de domingo.
¿Quién apagará mi estertor?
aún mojada en la cama
y trepidante
y terrible
y exhausta
como una lluvia intermitente
muriendo sobre la tierra caliente

¡Anda!
Ve y regrésa-me
como lo que olvidaste
recoger a la salida.

QUE VENGA TODO

Que venga todo
que se acuda el universo
en el que me obstino
que venga todo de una vez
el alba
y el anochecer
al mismo tiempo
la lluvia
y el viento
y el sol cayendo que venga todo
que caiga como un cuerpo muerto
que merodeé como
la guillotina sobre mi
cuello desnudo
que venga toda esa jauría
de pensamientos
y me vomite el alma...

ME HABITA COMO UNA POLILLA

Me habita como una polilla
que me carcome
y me come
hace un túnel
y se regodea
me habita de los senos
a los pies
de las torturas
hasta el placer
un gris matizado de incertidumbres
una flor hecha añicos

la palabra prudente
cuando en verdad quiero
que me arranque la ropa...

SUPOSICIONES

Sin preguntas
que fluya con un silencio como de muerto
que se reviente la vena de la calma
que baje una luna de esas que aún no se llenan
como para adornar
cosa de nada...
con el color pálido de los jueves
y las extrañezas con que vuelan los pájaros perdidos
que se asomen las sombras trepidantes
con sus gemidos de sexo a galope
escondidas tras las cortinas
como las amantes... cosa de nada
puro invento
una corazonada

MIEDO

Tengo miedo
El paso tras el paso tras el paso
miedo a lo inminente
a sus ojos al otro lado de la acera
del otro lado de sus hombros
de sus canas
de sus pensamientos
miedo a las caderas que se insinúan
sobre su cuerpo quieto
al arranque de sus besos
a sus manos locas
sobando-me el cuerpo
miedo al alba
a la sorpresa del día
que tartamudea ante

mis ojos
miedo al respiro en la tarde
a saciar-me
miedo a ese cuerpo tirado como
un sargazo a mi lado
amontonado como un lodo
inmóvil

y su respiración de
casi muerto
tengo miedo al vacío
indiferencia a entrepernar
la sombra.
A la ausencia deseada.

HE IMAGINADO SUS BESOS

He imaginado sus besos
cientos de veces
Como he imaginado mi muerte
y mis manos sedientas
y entumecidas
recuerdan mi parálisis
el olor a imposible
acercándose como una
mariposa...

HOY NO PUDE RECODAR

Hoy no pude recordarme
obliterada por mis ojos
he recordado lo terrible
la neblina de mi boca
el amor como un ganglio
maligno me arrebata del mundo
Huyo desconocida
aherrojada por la lluvia
y las tardes
Descalza y persiguiéndo-me
alcanzo el arrullo del agua
que me invita a lavar pecados...

NO LO PRETENDO

No lo pretendo
no lo imploro
no lo pienso
El muro desventurado ha crecido
Es el medio de la nada
dos cuerpos en la sombra
Un grito
y un silencio simultáneo
No quiero esperar
Me voy...

LA NOCHE ADORMECE LAS COMISURAS

Qué haría sin mi silencio de tripas vacías
de ojos lánguidos
y perdidos
Dónde me lanzaría
sin mi helado silencio vespertino
labios entumecidos de vidriera
Intocables puertas del laberinto
dentro resucita el vendaval
la noche adormece las comisuras...

LO CONOCÍ ENTRE CICLOS...

Lo conocí entre ciclos de lavado
con olor a suavizador
y los versos de Alejandra
sigilosa como dulcinea, me movía
Un par de cafés
unos pasos lentos
franco entretenimiento para un cerebro
cansado de creer
y vengo a tropezarme con esta sonrisa
Un inexperto en lavados
me hizo un castillo la vida
de una alcantarilla.

Nunca fue suficiente
ni la vida
ni la sombra de la muerte

Me debe un closet lleno de ropa sucia
Y tres análisis literarios
Algo así como un presagio
Llegó el amor...
¡Una cursilería como esa!
Y se acabó la diversión...

NO HAY SITIO PARA ESTA CABEZA

No hay sitio para esta cabeza
y estos brazos
no hay lugar para estas
palabras
me ronda y me habita una muerte
pero no la muerte de carne
de lengua
de piernas
es una muerte más oscura
y adyacente
es una muerte sin remedio
sin otra vida
sin consuelo de horizonte
y ojos vendidos...

El lazo en el cuello.
El agua corriendo llevando un cuerpo
la mirada obliterada por un párpado oscuro

(Una estrella brilla y no se ve).

NOSOTROS SOMOS LOS DESCONOCIDOS

Nosotros somos los desconocidos
los de la página de internet
los que no se preocupan por el otro.
Somos los que no les importa si contesta o no
si nos damos los buenos días o las buenas noches
somos los que al atardecer se aman debajo de las letras
los indiferentes que se desnudan el alma a vistazos
somos los que pelean
y temen perderse
los que no hablan demasiado y
los que sienten sinfin...

Nosotros, lo que no existe,
los que nos decimos la verdad en la cara
sin miedo a alejarnos
sin desperdicio...
Los que lloramos de ausencia
y que no lo decimos
los melancólicos.
Somos los de las palabras
cariñosas.
Nosotros, los que no dejamos de mirarnos a los ojos
los desconocidos

los de la página de internet
los que hemos tropezado más de una vez
los de los signos contrarios
 los de las canciones de Youtube.

Nosotros apostamos a no querernos
más bien a conocernos
y ahora después de todo
después de nada,
de la luna llena
de la playa vacía...
elpuente (...)

ARDE LA HABITACIÓN DEL SILENCIO

Arde la habitación del silencio.
La ausencia es cosa del derrumbe del aire suspendido
de la distancia en los ojos.
Es un rezo
colgajos de miseria.

Volver...
es cuestión de los pájaros nocturnos
que rondan mi cabeza.

DESDE MI VENTANA LAS ESTRELLAS

Desde mi ventana las estrellas
resplandor quejumbroso
a ramalazos visten de luz la ciudad
Pobre ciudad enferma...
Y en vilo mi alma mece un recuerdo
en silencio

y suspendida
palpo el beso de la sombra

Luciérnaga que envidia
la altura de la lumbre
y desaparece su magia diminuta
escondiendo su grandeza
bajo el manto de esta noche

Somos tan pequeños...

SI QUIERES...

Si quieres podemos
cagarnos el alma
si quieres podemos ponerle
un anillo a la estatua de la Libertad
de sabe Dios dónde
si quieres podemos joder el día con una sola
palabra
si quieres podemos echar a perder el color rojo
de la tarde de una mirada
si quieres
solo si quieres
podemos hacerlo sin ganas
fingirte un amor de película o
de mierda
tú escoges
si quieres nene
puede ser tantas cosas.

A fin de cuentas es tuya tu imaginación...

QUE EL LLANTO CORRA

Que el llanto corra
y no se detenga
que lave las cunetas de la ciudad angustiada
que vuele y moje las plumas de los pájaros que pasan
Llanto mojando las violetas
llanto seco de los vientres viejos
mendigo de las plegarias en las iglesias
El cristo con el llanto en coágulos
colgando en el vacío.
Que el llanto corra entre las piernas
donde se atan cintas de sedas
ocultas
las mellas del tiempo.

Llanto de muchachas vestidas de domingo
frente al portal de sus casas
ojeando las cartas de amores que no regresan.
Un llanto loco
que reside en los manicomios con las gasas de la muerte.

Viene el llanto ciego
piel mojada
y ablanda los huesos.
Profundo el llanto que deshace en mis manos
la conciencia de sentirte lejos...

ALGO ME JUEGA COMO UN CUMPLEAÑOS DE NIÑOS

Algo me juega como un cumpleaños de niños
con grandes fantasías
con la luz prendida toda la noche
y el miedo a los monstruos que flameantes
han de montarme de madrugada

yo aprendí del suelo y el sueño
a verme los hombros
y a los hombres...
cómo olvidar los vellos del que tintineaba
toda la noche como un cascabel frente a mi ventana
esa brisa ya fue
y la luna, la más jodida
y la de todos
siempre fija y desaparecida en noches que todo es pútrido
pero es motivo y es festejo
la gran culpable de toda la mierda viva
¡cómo fastidia la palabra!
círculo que nunca su final encuentra

ahora son otras voces
otros gritos

las hazañas de las penumbras
vuelo al roce en paredes viejas
casas hacinadas de araneros
telas sepultando noches

y yo
yo sigo en mi eterna tarde
trillada de octubre
y bostezos interminables
frente a esto…solo un gato cansado.

FLORECER ENTRE LAS RAMAS

Cuantas cosas hemos de extrañar cuando las mareas se alejen de la playa
Cuando el vuelo de los pájaros quede mudo al viento
El sol se cubrirá de hielo
La hierba se quemará bajo el frío envuelta en espanto
Cuántas cosas hemos de extrañar cuando se retire el pálido roce de las manos
Cuando la tarde deje de avanzar hacia el desierto
y la oscuridad
y las paredes cuarteadas
azotadas por la brisa
los escombros
Una lluvia ácida perfora el suelo
¿Qué pensaran los niños que han nacido a merced de la catástrofe?
La madre con las manos vacías besa la frente
malogra su existencia la hoja caída
no hay lucidez en el óxido de las aspas
y las palabras...
ese cuerpo deshabitado que deambula por los pasillos
florece entre las ramas
marchitada en la oscuridad
y el cuerpo en pausa
Cuántas cosas hemos de extrañar
y la muerte
indecisa al borde del abismo

PALABRAS PERDIDAS

I
Cuántas palabras perdidas sin dueño
han corrido toda la tarde huérfanas sobre
lo sublime y el estertor
el agua corre sobre las piedras en su afán de lavar
y virginalmente desahuciada
quiero llorar tendida
pero mi vacío es profundo.

II
Cuánto vacío
y palabras
al acecho de los dedos
y la caída del oscuro velo de ojos
los cuchillos afilados y enrojecidos
me llaman con cantos virginales

un monstruoso rito del cuerpo...

III
Las manchas del tiempo
arropan la cobardía sobre
los héroes del día

fuman el temor de los arremolinados
en las cocinas del sueño
los albaceas del silencio
deudores incalculables de la culpa

IV
Como un nefelibata se arroja hacia los montes
y acaricia las ramas
desprendiéndo-me como un aguacero hacia el mundo.

V
Es la mano levantada
jugando
Una sorpresa del viento
mientras la ondulaba
como una daga le atraviesa.

Un ademán hecho para la lejanía del mundo

VI
El silencio cae como la nieve
sigiloso
Como un animal al acecho
trae consigo un lenguaje muerto
un alma rota

VII
Sorprendida de la luz
y aún el calor de la oscuridad
no arrulla en la penumbra...

VIII
Tú haces que me sonría el alma
me floreces como un geranio
por los rincones

IX
Ciega de ti como un pantano
con el beso en tus ojos como turrones
Ciega de ti como una rosa pálida
oblicua
cruzándote el cuerpo así
en las noches que te arriesgas al abismo
como un pájaro trunco de alas...

X
¡Decirte tantas cosas!
pero me ha sorprendido esa lluvia
repentina
ese hormigueo del agua
que lo limpia todo

XI

...y te nombro como un rezo
un desprendimiento
algo inefable que
desciende
y se posa tranquilo
como la aparición de la muerte, súbito.

XII

Qué será de los besos y
las caricias taciturnas
Qué será de las comisuras rezando
en otros labios las plegarias del Cielo.

(Dónde posar estos ojos que te buscan...)

XIII

Qué será de los besos
y las caricias taciturnas
Qué será de las comisuras rezando
en otros labios las plegarias del Cielo.

(Dónde posar estos ojos que te buscan...)

XIV
En la Lluvia corren los delirios
del mundo
se lavan las ganas
los infiernos
y la noche viene como un niño
escondido
En la lluvia te espero
como ahora
como siempre
como siempre ha sido...

XV
Línea oscura que separa la vista de los ojos
sobrante de aire en los pulmones
una voz que ha perdido el grito
la noche que se ha dejado envolver por el silencio

¿quién más estará comiendo tus palabras?

DE LA AUSENCIA Y OTROS HERRUMBRES

PROSA

UN IMPOSIBLE

Este inmenso solar y en medio una palabra forzada, la duda y la noche que gotea.

La inutilidad de las horas en estos días de silencio, después todo vendría en calma con la solemnidad de un sepulcro, todo como un viento en sosiego, la claridad del sol, esa luz estrellándose sobre mis párpados, todo reivindicado como el hombre después de su confesión. El crimen olvidado por la vejez...

Alegato de existencia, movimiento de las hojas húmedas del verano, y el olvido en las ruedas del tiempo inapelablemente severo, tiempo de virutas inalcanzables de la risa, la sombra pasajera y posada de pensamientos fugaces, y unos labios trepidantes, inocentes de la ausencia, vendría...

Escapada, escondida detrás de las paredes blancas de la casa, con el murmullo del rezo sobre el lienzo, entraría a todas las habitaciones polvorientas, debajo de cada escombro y atravesando cada espejo deslumbrado, temerosa en cada imagen futura aún ciega en su reflejo. Todo vendría al unísono con el tiempo, sin llamarme, sin esperarle, me encontraría rota, ascendiendo hacia mi rostro como un imposible...

DEEP CONFESION

Pero lo único que quedarán serán las palabras, entonces, por qué callarlas aunque sean derramadas del mismo salto, por qué reprimirlas si son libres. Ahora podría asaltarme la más injusta de las dudas, podría estar compartiendo otras cosas, podría estar en otros lugares, con otras gentes, podría estar haciendo tantas cosas, pero no estoy haciendo nada, solo estoy arrojando palabras, convertida en la confidente y confesor de mí misma, irónicamente, tal vez ya debería estar muerta y sin embargo...

Llegará el momento de la nulidad, del papel en blanco, porque no podré verlo, porque la mente no generará más pensamientos y quedaré sumida en un silencio interno y apresurará el descenso del ángel. Entonces no podré decirte estas cosas, como te las digo ahora, no podré ni siquiera llevar un recuerdo coherente de lo que digo ahora, pero quedará la evidencia de la vida, detrás de ese rostro inexpresivo, ese cuerpo frío y esos labios quietos habrá una historia repetida y repetida hasta el cansancio, dicha de muchas maneras y anunciada en todas partes.

No sería un futuro incierto, el camino recorrido no ha sido casualidad. La preparación de las regeneradas fuerzas no se han levantado por puras ganas, también hay un espacio que no se ve, un espacio que no se ve y se cuelga del más absurdo pretexto, visualizado, enfocado y determinado, nada ha sido casualidad, todo ha estado cocinado y desmenuzado a mi destino como he querido, tal vez nada haya sido cierto, pero ¿qué importa?, me lo hice creer así y así me lo llevo tergiversado, pero mío. He tenido tantas cosas "mías" y luego estaré tan sola dentro de mi soledad y del vacío que no se ve, de lo que no se ve, pero que yo veo y me baño con él todas las mañanas y todas las tardes si decido salir a la lluvia. Haber querido creer ha servido de armazón a todo este teatro donde soy la bella, mi belleza quedara tirada como algo que nunca debió haber sucedido, porque nunca lo supe aunque las gentes me adornaban en sus ojos, aunque las manos inmóviles fueran tersas largas, como las mañanas, inmóviles en mis ojos lánguidos, perdidos en un ruido lento y suave.

Más allá del vacío, más allá de la pared, dentro de la pared, dentro del vacío, más allá de la mirada caída, sostuve una creencia, la voz firme de la calma, la risa alocada de la que vive. Sostuve una creencia: el creo que sí, el te creo, la constancia de la creencia que vive, vive en la muerte de la que estuvo viva, pero creí porque sí, aunque se me arrojaban los fuegos artificiales de las verdades a la cara, aunque en el espeso decir, el líquido de la mentira fuera la carnada, pero creí porque sí y jódete, fui feliz por mí...

LA LEYENDA DICE...

que los dioses escogen los amores, que ni la lluvia, ni el trueno, ni el calor ni el frío, ni el arrastre de los sedientos, ni la luna, ni el mar, ni el buido acecho de la mentira, pueden deshacer el conjuro de amor de los dioses, en los escogidos... Cuentan que las pruebas son feroces y por más que luchen en contra de los amantes, no podrán separarse, testigos de que en las espuelas del tiempo van quedando incrustadas tiras de piel y sangre escribiendo la historia, amantes merecedores de la felicidad eterna por designios. La leyenda dice que en las noches melancólicas los amantes se reflejan en su lejanía y es cuando el amor encarna sus cuerpos y los hace indestructibles y no vale que todo aquello conspire como un purgatorio adjudicado, solo a ellos, por amarse. Entonces, ha sido purificado el amor y desde lejos se alcanza a ver las sábanas blancas, al viento, ondeando el encuentro eterno de sus almas...

¿QUÉ QUIERES DE MÍ?

La crueldad de los huesos, de las manos y el hijo muerto te sorprende con la caricia en los brazos, buscando tu vientre, su consuelo. Pero ¿qué vas a sentir?, ni la brisa ni la lluvia se percatan del cuerpo, inquieto te absorbe un mar de invisibilidades; no hay un espejo cerca que te corrobore la existencia ni una sonrisa el pensamiento; los pájaros se posan cerca de tu cabeza estéril, siguiendo los pasos de la que no te acompaña ya. Comienza la calle a parir almas que van de un lado a otro, las voces roncas de las que el placer les ha llevado el sueño. Maquillajes tapando moretones, maletines cuadrados negros y marrones se mecen debajo de las muñecas poderosas de la ciudad. ¡Todo es tan ajeno!, todo es nada, solo cuenta el silencio y la mañana se desgaja en escarcha entre los autos, se ha echado a andar la rueda. He servido un café y me ha quemado los labios; la vida empuja, el acordeón del mundo ha encogido sus arandelas para el beso. ¿Qué quieres de mí?; mi disfraz espera. Los ecos se deshacen en el portal...

Tu voz, solo quiero tu voz, parsimonial música de las perlas escondidas, arrullo del agua que fluye y es tardía, tu voz que hace desaparecer la indomable queja de vivir.

¿Qué quieres de mí? - terrible es la respuesta.

ELLA I

Es terrible conocerla, acercarse y percibir su aliento como un volcán, angustioso oír sus sueños, un profundo abismo, la ceguera en esos días de lluvia, cuando arrima el alma al hueco.

Una mariposa descentrada con su vuelo mágico detrás de las puertas.

Y su silencio... de noche lenta, de pasos viejos, un silencio oculto en sus cabellos milenarios, un silencio de beso largo, de caricia en espera.

La he visto sonreír y desdibujarse como el humo cansino desde los labios.

A veces le grito para espantarle la muerte de los sueños, le tomo de las manos para ocultar el frio de sus dedos, cuido de sus ojos. Ella me pide el abandono, se arrodilla para implorar el abandono de su cuerpo, de este lenguaje hueco que no pare más, se maldice como a una hereje, suplica en otredad, por su vida, por lo que no puede decir, por todo aquello que se vierte a su alrededor.

Y sufre su propio lenguaje, la desesperación del lenguaje ocluido en el alma, temeroso de naufragar al primer intento de nado. He olvidado ya su nombre, abrazada a ella he olvidado su rostro, solo siento su perfume y se va con el viento. Dice un nombre suave, muy bajo muy bajo, a veces imperceptible como si quisiera guardarlo en secreto consigo misma y es un niño que la visita con cara de ángel, le acaricia los brazos y le sonríe, es él quien la cuida de sí misma y sus pasiones, lo he escuchado cantarle, de madrugada, para calmar el demonio de su mente que la atormenta...

Ella ya olvidó el camino, se ha quedado quieta junto a la vera.

¡AY, LA GENTE!

La gente se aglutina en los espacios donde no caben, hacen de las guaridas la pestilente insensatez de lo buscado, buscan, lo mismo, buscan, alrededor de la misma mierda todo el tiempo ensanchándose, diferentes voces, la misma estructura de los sonidos, la misma visión estéril sin horizonte, la frivolidad con la mano de guante. Asquea la estupidez de lo repetido, la gente se aglutina sobre la otra gente, sexo sobre sexo, mirada sobre mirada, nada diferente se extiende entre un cuerpo y otro, nada conspicuo se desprende de las advertencias del tiempo, no hay cabida para nada más, no hay cupo para la voz que sobresale desde la oscuridad. El mendigo sigue siendo mendigo porque se devora a sí mismo encontrando algo diferente y no la basura cotidiana del desamparo, el espíritu viaja y vaga de una manera acechada e inconsecuente. Pilares de egoísmo, se sacan los ojos entre sí, se enumeran las unidades con los dedos separados, ¡cuántos dedos!, la vastedad se arquea porque convive en la soledad del hombre repetido en millones de lenguas que no pueden decir ninguna cosa. Ahora, en la tarde calurosa, se rozan las pieles de serpiente sudadas y amarillentas, ahora es cuando se resisten a morirse en enjambres, sobreviven desde la mentira y lo desconocido y se mueren siempre igual, tal vez nunca se vieron al espejo y hayan muerto sin haberse conocido...

DIAGNÓSTICO

Relativamente el mundo se cohíbe con relación a lo que no es mundo y es libre, las sacudidas cada vez son más fuertes para arrancarnos de cuajo. No es cuestión de vida ni de muerte, es cuestión de alguna cosa aparte, de ese punto rojo que no puede obviarse en la pared. Hay quien no escribe cartas, pero calla una letanía de enjambres, la cuestión es oponerse a la veracidad de la mañana porque amanece y porque sí, la superficie siempre es la superficie, a todo resultado, la trivialidad siempre apesta, pero... ¿será que todo irá a parar siempre ahí?, como un destino dirigido donde acusa recibo de todo lo que ha quedado sepultado. Hay quienes dicen odiar la trivialidad y, sin embargo, viven de ella como algo necesario y no pueden ya rescatarse del agua sulfurada donde han sido sumergidos. Tantas explicaciones solo trae consigo un agotamiento para una reflexión en la que se descubre un terrible diagnóstico de existencia...

INCONGRUENCIAS

...Estoy girando, veo los vitrales adornados, las gotas. Allá afuera está lo que se rompe, dentro está roto, pero yo no quiero que ella se rompa. La ciudad es tan larga cuando amanece a esta hora, la que no reconocen los ojos, el celaje frente a un espejo; ella se pierde entre la oscuridad y el celaje, las piedras se acomodan para recibir lo que les corre entre las grietas, pero las manos se unen, vacías. Cuánto retraso en la misma cabeza adormecida, mírame amor, corrige las artesanías de la piel, y la humedad que se confunde en el sudor de las hojas; y la voz haciéndose mucosa de garganta vieja. Yo escucho el crepúsculo, viene acompañado de una muerte joven, a esta hora las sirenas cantan moribundas, y empañada de silencio, caí sobre el recuerdo, me puse a trabajar con la noche y me hizo el día el traje de los insomnes, afanosamente he apresurado lo que me viene bordado como un rezo en el pecho. Amor, róbame entre las bajadas cuando parecemos detenidos ante el tiempo, el tuyo, el mío, que corre y no se mira corriendo, corre y nos lleva enredados en la prisa, que no sabemos, que es la muerte, nuestra muerte anónima que no nos avisa cuando se llena de lluvia, joven de luz. Otra vez he tropezado conmigo, la que se asesina una y otra vez en su propia nigromancia, sal de palabra, y se queda suspendida, y deja la equimosis detrás del portazo.

ARROJADA EXQUISITEZ

No se puede sostener en las artes una conducta determinada de entendimiento cuando el significado en la médula es individual. Se acerca al borde del abismo y se mira sin visualizar el fondo, se va cayendo junto a las maromas de las letras, entonces no importa entender, para qué disfrazar el propio aroma...es como degustar un buen vino, tomarle la textura, el aroma, dejarlo respirar, absorber sus cualidades sin llegar a la uva. Las letras tienen su propio alcance metamorfoseándose en cada piel: ternura, melancolía, agresión, pasión. Para qué imponerse un sabor artificial si podemos tener el genuino que es el nuestro. No hay que entender, no hay que buscar en lo ajeno, hay que buscar en la medalla el brillo de quien lo posee ahora, en el instante supremo de la concepción que es el instante donde las palabras nos escogen para ser reveladas a sí mismas en nosotros, las palabras nos señalan y nos hacen su presa, es cautivadora del momento en que se presta el enlace de cada línea. ¿Entender para mutilarse?, ¿entender para etiquetar las reacciones que no se producen en la mente que genera el primer pensamiento y que ha sido escogida para darle una nueva existencia a lo leído?... No es importante entender, es importante atemperarse cuando somos señalados a poseerlas, entender que no hay que entender, solo así nos podremos arrojar a su exquisitez.

ELLA II

Ella se sienta en el borde de la acera y desde allí ve pasar a los transeúntes y se imagina sus vidas. Pasa el tiempo en silencio, recordando e hilando una vida desde aquel rincón sombrío. Ella no sabe del tiempo, no acontece nada a su alrededor, no hay vida en su vida que quiera hablar. No duerme. No finge que ha dormido. Sus ojos se revelan a la oscuridad del sueño. Ella teje con sus manos vacías el abrigo que le cubre. Solo lleva un abrigo. No tiene miedo de la vastedad que le sonríe y riega las plantas que van creciendo a su alrededor. Se yergue cuando amanece. Se estruja los ojos para engalanar el espectáculo de la aurora. Se queman los dedos de sus pies con el sol cuando la azota. Ella sonríe porque vive. No duerme. Vive con el desorden de sus grietas, con la velocidad de los caminos de su mente. Ella, ahora al atardecer, pide a un Dios de mentiras que la deje vivir sin cerrar los ojos. Ella teme a la oscuridad. Ella no vive. Ella solo va muriendo. Ha reconocido las caras que le sonríen cuando pasan. No se refugia de la lluvia. Busca reconocer la sonrisa de algún niño perdido entre la maleza. Ella gime en el frío. Se susurra el canto de las novicias del convento. Es su silencio quien la acompaña, sus labios cerrados y temerosos al viento; porque el viento le trae palabras, risas, el ruido de la ciudad. Ella retoza con la madrugada, renace en la quietud de esa reliquia que son sus nidos. Se toma un pedazo de tela en los pies y limpia en ella el asfalto que le cubre. Sueña. Sueña con los ojos abiertos y vidas prestadas. No se conoce. Ella no conoce quién es ni cómo ha llegado allí. Está en el borde de la acera y no sabe cuánto tiempo ha estado ahí. No le importa. Ella vive con los ojos abiertos. No duerme. Le teme a la muerte.

ELLA III

Ella lee un libro durante la tarde. Lee un libro de carpeta negra, sus páginas son finas y suelen mojarse los dedos con su lengua para pasar las páginas. Lo hace con gesto despacio sintiendo la caricia de la página en sus dedos. Volteando la página con la brisa en contra. Afianzando la página con los dedos. Su vista no se despega del libro y las letras. Se ve sumida en aquel banco de la parada de autobús.

Comienza a caer una llovizna fina. Ella levanta la mirada por un segundo. Mira hacia arriba, al lado, recoge las manos y vuelve a fijar nuevamente su vista en el libro de carpeta negra y hojas finas. A veces sonríe. Otras veces caen gotas mojando las páginas de su libro, de sus ojos húmedos, hundidos en aquel libro de carpeta dura y negra, de finas hojas. La gente le tropieza a veces. Mucha gente va a esa hora a esa parada a tomar el autobús. Algunos van a las escuelas, otros al trabajo, mujeres con maquillaje de oficina y peinado alto; los hombres, con olor a colonia barata y traje de uniforme. Ella sigue con la vista fija en su libro. Cuando la tarde cae, cuando aún queda un poco de gris atisbando casi al negro, ella se levanta, mete el libro de carpeta dura negra en su mochila, se come un trozo de pan envuelto en una servilleta que ha sacado con un poco de queso. Camina lentamente por la acera. Pegada a la pared, rozando la manga en las vitrinas. Va comiendo mientras camina. Va reviviendo lo que acaba de leer en su libro de carpeta negra, dura. Va saboreando el sabor a página fina que le ha quedado en la boca. A veces se sonríe como si conversara con alguien, como si a su lado alguien le estuviera conversando de los transeúntes o de los mismos que cruzan las aceras. Va llegando a una pieza estrecha, solitaria. Allí le espera un traje de brillantes colores, una peluca, pestañas sobre la cómoda.

Ahora ha dejado su libro de hojas finas y carpeta dura sobre el sofá que da hacia la puerta de la habitación. Ha dejado caer su vestido. Es de suave tela y se ha deslizado como agua entre sus piernas, se pone su brassier con relleno, las medias cubriendo las manchas de sus piernas, se ha colocado una pluma en la cabeza y se ha servido una taza de café. Ha tomado un sorbo antes de pintar sus labios. Se mira al espejo de frente, de perfil, de espaldas, girando su cabeza.

Hay un reloj en la pared del fondo, hace un ruido leve en cada minuto que pasa, suena como si en cada minuto se fuera desprendiendo algo de alguna parte a pequeños crujidos. Marca el tiempo, las 7:18 de la tarde. Ahora las pestañas están alargadas. La mirada se ha entornado hacia la puerta. Se escucha el sonido de las pulseras desteñidas que le guindan del brazo escuálido. Ha tomado un marcador para sombrear las imperfecciones de sus zapatos. Sigue con hambre. Se toca el vientre, arroja aliento, seguida de una arcada vacía. Ha pintado sus labios y ha ensayado la sonrisa en el espejo.

El sonido de la puerta al cerrar retumba como el sonido de un sarcófago. Ha quedado el libro de carpeta dura, hojas finas con la humedad de la saliva en sus páginas ahogado entre la muerte y su parálisis.

¿A QUÉ LE TEMES?

¿A qué le temes? Hay tanta soledad en tus dedos, el pasado es un largo pasillo lleno de habitaciones oscuras, pero yo estoy aquí, niña... Augura esa vida sencilla que deseas, las mañanas cálidas, miradas rápidas y encontradas en la cotidiana salida... ¿Cuándo te enclaustraron y te dejaron tirada frente a los abismos de tu mente? No pasó nunca y le sonreías a un espejo vacío y jubiloso de haberte encontrado, pero... jamás te vio aquella mañana cuando apresurado olvidó besarte... Aquí ya todo es sombrío, el sillón se abalanza con la muñeca de ojos grandes, ya no quieres mirarme, he permanecido inmóvil para no despertarte, reíamos de las cosas simples, he visto tu cuerpo transparente arroparse con el frío... Si fuera jueves... pero los domingos las manos se van solas al sepulcro buscando la calidez del paseo, no puedo ver más tu carita al sol, no la recuerdo, hay pestañas regadas en el cuarto, hubiera preferido los pétalos, pero las violetas han muerto... La eternidad no existe y todo se clausura al cerrar las puertas... ¿A qué le temes? No pasa nada, solo es el sonido del tren llevando almas...

PARÁLISIS

No puedo quejarme, he sido orgullosamente dueña de mi pocilga y de mis castillos. No importa el inventario a estas horas, importa la falta de cordura, la mente perdida en agujeros negros de soledad, importa que amanece y sigo con la consciencia de saber que amanece. Tres días o dos, no sé muy bien, solo sé que amanece. Me invadirá lo que no quiero saber, la vida se cruzará de un lado a otro en invisibilidades que no quiero sentir. No habrá respuestas, solo divagaciones cercanas a mi muerte. Esto es otra cosa, esta hora es otra cosa, este trance dérmico es otra cosa, un cansancio atroz en cada músculo tenso, subliminalmente afectado y tenso, estirado, halando, no es posible cargar la mente con todos los pecados. Esta soledad es diferente a todas las demás, busqué y encontré. Pero no quise saber ya más. Y el cuarto oscuro de las obscenidades, el crujido del cuerpo tendido y solo rozándose a sí mismo contra los huesos. Particularmente extraño y perdido.

Aparécete entre un letargo y otro letargo, mis éxitos son estragos de mis miedos...

PALABRAS Y ARGUMENTOS

La consciencia del libro abierto, el hacinamiento de las palabras, diciendo nada, aunque parecería que siempre dicen algo, hay palabras que nunca dicen nada y son vagabundas de bocas amanecidas y lenguas estropajosas de días y días de ser pronunciadas y repetidas como una letanía en destino de castigo para el alma.

La consciencia de un libro abierto es como la conciencia de una puta, manoseada y llena de voces y rostros que se pierden en el caracol de las noches, cuando en su final se confunden todas, se mezclan en altos y bajos, en risas y dolores, lúgubres las noches desbocadas de las palabras que se escuecen en un libro aprisionadas e incómodas por pertenecerse a sí mismas, sin deliberadamente abstenerse en su pronunciarse siempre, acompañadas del codo vecino, significarse desde sí hacia la continuación de un futuro asequible, enmarañado de oscuridad, atenuante de la vida en su existencia.

LA TRAMPA

La trampa se fue construyendo poco a poco, mucho antes de que todos supieran, cuando el verso cristalizaba el encuentro, pero detrás venía una trampa silenciosa, una trampa con pasos lentos y seguros, el foso oscuro donde todos caímos, la trampa que anudó la garganta de la honestidad y dejó al descubierto lo podrido, la escasez, el hocico de la bestia, una trampa con barrotes de acero y todos atrapados ahí. Hubo quien juró y apostó por la unión de los desamparados, hubo quien siempre escondió su cuchillo como arma letal debajo de su lengua, pero la trampa estaba hecha para todos, la mano de Dios sabe quién la hizo aparecer como un nicho hediondo, y vio su obra: los meandros del destrozo

¡...nadie es inocente!, todos compartimos el mismo pecado, todos contagiados por la picadura de la lengua obscena y la oscuridad, juicios de perdón, señalamiento a la locura. Pero había una historia, también un olvido, la trampa enfurecida arrancó del arlequinesco rostro, la careta... ¡todos culpables!, un preludio antecede al aguijón enterrado, todos contra todos...

...y el amor, abrazado al último barrote de la esquina.

REFLEXIONES DE DOMINGO

Hay una razón en el mundo que siempre nos arranca de las manos de la locura o que nos arroja a ella sin la piedad del destino, sin los parámetros de las rosas, sin lo que nadie puede imaginar benevolente y perdido...

Arrojarse de bruces a la locura de esta razón adversaria a los cimientos de la cordura.

¿Por qué no?, ¿por qué no arrojarnos como piedras bajo un precipicio de incertidumbres? La pérdida ya es garantía, todo lo demás son abruptos encontronazos con la felicidad estacionaria y vacía...

El alba siempre estará ahí con sus colores indefinidos y separados, como el estupor con todas sus imprecaciones a la vida, porque la vida siempre atiende las oraciones de los locos, los que en su letargo se dejan llevar en brazos de la muerte y alinearse sin orden ni posesiones frente al cuajado deseo de las rosas...

Ha sido un viento fuerte y yo... desnuda. Sin protección sobre mis huesos frágiles de pequeña inútil frente al mundo, despertando en mi otoño llena de flores inexplicables, de fragancias exóticas y cubiertas de sexo en las tardes de encuentro...

Es tan fácil perderme en tu sonrisa, como un niño indefenso frente al laberinto. Es tan inhóspito este amor a los extraños... absorbente como una esponja frente al lodo... Tú ecuánime tras las letras que te juzgan, pensativo y ocluido sobre tus murallas de silencio avergonzado... la marca de tu adiós y el temblor de tu encuentro... Quién ha quedado desvelado ante tus brazos que ya no acuden... ahora llenos, irremediablemente de mi amor...

NACER DE NUEVO

Hoy he vivido toda mi vida. Me he depositado en las esquinas como la secuela de un universo "nefasto". Voy a lugares importantes, no me conozco y me deleito en un tantear a conocerme. Todos son lo que no encuentro, yo reparto lo que soy sin resultado alguno del conocimiento y no espero nada. Los vástagos me arrullan cuando baja el sol y me reconocen, a la otra, me reconocen porque viene la noche. Pero yo no sé nunca cuándo viene la noche. Me gusta sorprenderme en lo claro cuando se torna oscuro y los ojos abiertos, se dilatan desde su centro hasta su nada, como algo irreparable, presagiándome en el decir y el escucharme, ¿cuándo dejará de ser el día?... ¿Cuándo podré nacer de nuevo?

TENGO MIEDO

Temo condenarme al silencio de las cosas, al gris contenido de mi mano izquierda, a ese silencio de dejarlo todo y volverme nada, temo por el espanto que invade celosamente mis ojos esta noche, los hijos agonizantes de mi sombra se posan sobre el frio llamado del paraíso, es la música y es la voz y es la cama y la taza en el borde de la mesa, le he visto caer tantas veces desde ahí, haciéndose añicos una y otra vez, sin razón aparente cae y su corta agonía hasta el suelo. Es la noche y es la perdida oración repetida sin oyentes, los bancos de madera están vacíos, porque no es domingo. Yo espero el domingo. Él escucharía mi voz y me arrebataría del acoso de la niebla.

Su mano vendría a salvarme, sus ojos llenos de lágrimas, verdes, cuajados sobre mí.

Temo por tus ojos y la sonrisa de un pájaro libre; y me abrazas más allá de las costillas. ¡Te he matado! He arrancado el corazón de sangre que me regalabas. Estoy desnuda, desnutrida, confusa y siempre frente al espejo que me dice todo, dibuja mi cuerpo tendido y acosado por mí, son mis manos separadas en mi cuerpo las que me buscan por ti. Tengo miedo de mis manos, ocultas con tu rostro, que sueñan y se humedecen con tus lágrimas. Qué hago con esta muerte que me ronda como un viejo borracho y vigilante de mis senos.

Háblame hasta que pueda oírte, no dejes de mirarme, hasta que pueda verte, clávate como si fueras un hierro, no dejes que el espejo me trague como una manzana.

UN CUERPO DESNUDO

Desde esta ventana me acudo presurosa, como si no me conociera, piel limpia de cicatrices, socorriéndome, soñando con el paisaje sobre el deshecho de los días, los que pasaron, los que no pasaron. Tengo un tiempo de sol que adormece, un invierno siempre trepidante en las manos y los muslos, es temprano cuando se piensa en la muerte y un reloj tardío para la esperanza.

Es largo el río que sueño y corre y lleva un cuerpo desnudo.

Me vi detrás de la puerta, velando un niño. Todo en un día. Una vida libre que corre hacia la montaña; encontré los ojos del amor, verdes como esmeraldas.

Mil manos sobando el mismo falo acudido en su muerte prematura, pero yo le sé el destino, yo le he parido todos los hijos de la luz en la sombra. Leguas y leguas de amor inservible, piedras manchadas de un rio blanquecino.

No hay puertas en el desierto, tú, ajeno a mí y a la luna, sin rostro y sin mirada, rotos de vacío, parte irreductible de lo que ya no queda.

Fuimos terribles y azorados a los templos, agarrados de la mano, veníamos como cocuyos a esperar el ceremonial de las novicias.

Sueño con el río largo y corre y lleva un cuerpo desnudo.

Cómo habitarme si ya estoy ocupada de sien a sien, transitada como una calle.

Vengo de un augurio de mil formas, de ese esqueleto blando, cubierto de otra carne cuando tropieza la noche.

INVITACIÓN AL VACÍO

Cualquier cosa es mejor que quedarme aquí, ¡no quiero permanecer aquí, llena de pájaros alborotados y ese bullicio!

Un coloquial cartel anunciándome no sé en qué pared. No entienden que sería un posible y nefasto argumento a los bocones de cuello blanco, ellos que acechan desde sus escondrijos podridos y que con miradas tiernas siempre azuzan las posibilidades, los encontronazos, las consecuencias de cualquier cosa, siempre acechan desde afuera, comiéndome las piernas, siempre en espera de su cruce, para ver entre ellas. Como serpientes las miradas se enredan entre los muslos... ¡malditos!, comelones y siempre con el estómago vacío, sería bueno no estar aquí, agruparse en anillas agujereadas. Pero es casi ya de tarde, es casi ya del otro lado, es casi, casi... casi. De nada sirvió que me prosternara, nada que se evadiera mi sangre detrás de mi pared de agua blanda. No sirve el escapulario con el que juego en los dedos, al lado de cada noche sobrevive un cuerpo jadeante, sudoroso y lleno de escasez, comiendo las sobras de seres extranaturales. Avispero dentro del túnel. A veces, el cristo baja sus brazos y me llama cuando me cree muerta, yo lo puedo sentir, a través de mis ojos cerrados, reliquia de un momento que se consume solo con el vapor del día. Hace falta que me inutilice del dolor, todo lo demás ante el vacío de mis recuerdos, todo lo demás, que es nada, por encima de mí, que es todo; arrolladora impertinencia la del olvido, una cosa inanimada o un ser viviente, un animal, un hombre, ya dije...nada. Olvido de tres patas, ¿dónde habrá quedado?, fugacidad de cualquier parto a tiempo, uno más...como tantos del montón.

A LAS SEIS DE LA TARDE

Una de las cosas que más disfruto de estos días son los letargos. El vaivén del pensamiento que juega siempre como un vendaval. He visitado aposentos de mi vida que estaban abandonados, llenos de polvo y telas de araña, con las ventanas cerradas y en penumbras. Nada reflexivo, solo un pasear por esos recovecos en los que había olvidado algunas satisfacciones, gestos amables, consideraciones importantes, descuidos, desdén, risas, vino, buenas noches... agradables y plausibles y tantas palabras... millones de palabras, hermosas palabras, significativas y ya olvidadas, palabras muertas, negras y rosadas, otras visten de rojo y fueron atrevidas, paredes de suelo a techo llenas de ellas, sorpresivamente aglutinada como fantasmas; y hoy simplemente quedan las palabras incoloras, quizás tropezadas por la deformación de mis dientes, por el tartamudeo del pensamiento. No me ha ido mal después de todo, quise y fui muy amada; hay reflejos dorados que al entrar duramente, enceguecen a veces, toda esa luz de golpe y bueno... el ojo está acostumbrado a la luz tenue. Grandes aposentos llenos de claroscuros decorados a mi gusto con la melancolía como talismán (recuerdan eso de "¿la melancolía es el placer de estar triste?"), en fin; el espejo siempre ha sido un buen amigo, a veces extenuante, rudo, a veces, pero siempre, al final, muy buen amigo. Los demás...

pues esos aposentos atestados de gente de todas clases, no me han quitado mucho tiempo, no pude concretar alguna piel que haya servido de tapete bajo esos menesteres, pero han estado hacinados en murmullos inteligibles y de repente... se han quedado vacíos; los aposentos, limpios, y yo en medio, sin extrañar, sin expresión alguna, el hilo suelto de punta a punta y echado a volar. Alguno que otro duelo he vivido, para no tener que cobrarme las añoranzas porque es mejor hacer pensar al otro que ha sido importante, aunque no haya sido nada al final, se hace caridad y el bien así también... ¿Afectos?, los que salen de mi carne y alimentados con mis pezones. Todo lo demás siempre y cuando sea cierto, tal vez, sea ganancia, quién sabe...

CONSECUENCIAS

Grandes consecuencias esas de existir, las ráfagas van creando las grietas, surcos maravillosos que nada puedo hacer con ellos y me alegra la experiencia y la sabiduría; y en el fondo... solo deseo que el tiempo llegara cansado y fuera lento o que no pasara simplemente. La muerte se convierte en una hermosa posibilidad, que nunca es prematura, que nunca es joven o vieja o es, es lo que no es vida; la luz a penas se disuelve entre los nudillos mientras amanezco debajo de una piel tersa con unos fuertes dedos enredados en mi terciopelo, sin consecuencias a ese parámetro repetido al que llamamos día. Todo simple, todo complicado, la prioridad es pensar. Existir es la beneficencia que nos dio "esto". La importancia del entendimiento se va desvaneciendo como la trillada arena entre los dedos y buscar significancia vuelve absurdo al ser, como esa palabra, inexistente, como la expresión ida de tus ojos en cada embestida. Pero qué importan las palabras si con ellas solo cavamos nichos, sepulcros, razones de abandono, horizontes perdidos... mi esperanza late en cada muñeca, en el frasco de la mesita de noche, en la azotea del edificio...

CONVERSACIONES HIPNAGÓGICAS

¿Qué seríamos sin el miedo...? Libres. La libertad se resiste y como una maldición se disculpa en un pretexto absurdo. Hablar de olvido es casi un insulto, las salidas no siempre están accesibles aun si éstas condujeran a la nada, en fin... nada tiene que ver con ningún pensamiento o alguna cosa terrible y deseada...

No todas las palabras llegan a un destino. En el vacío se desconocen... ¡y es tan frecuentado!, no siempre advienen como un puente de salvación que cruzamos huidizos y temerosos.

La muerte se pronuncia de una forma prosaica entre la gente; es un insulto locuaz y definitivamente obsceno en medio de la algarabía, aun desde su buhardilla, llena de su sombra gigantesca, arrebatando a cualquiera...

¡Maldita manía del tiempo! La de volverse joven aunque ya estemos del otro lado de la arruga; pero son inevitables todas las cosas, aun las más insignificantes, aun las más consumidas y aquellas que no tienen ningún sentido de lógica o transparencia.

Pero no hablemos más del tiempo ni de sus protagonistas, es necesario arrimarse a lo imposible, para que el destino (porquería) también haga lo propio en su fugaz existencia.

Se terminan los discursos y nos quedamos con las manos vacías, hasta necesitar un exorcismo que nos devuelva al interior, llenos de fuerza y perseverancia. No hay entendimiento, pero no es importante entender, siempre pletórico de razones que no nos sirven de nada. La certidumbre siempre echa a perder la exquisitez de lo imprevisto, del nudo en el estómago; resolvemos todo desde el pensamiento aparentemente coherente, pero perdido como un perro vagando, al final...

¿Por qué?, no lo sé. Deseo una respuesta directa, una intención precisa, ¡una respuesta!, necesito un seguir haciendo preguntas para no llegar a ninguna parte o para no dejar que el gusano de la incertidumbre encuentre la casa de su comodidad nauseabunda y me arrebate el sueño. Pero es inútil el porqué cuando se conjuga la danza de nuestros cuerpos.

El beso de tus labios, nuestra naturaleza enlazada y el hermoso silencio...; y se despeña dentro y lo contamina todo. Pero nos tropezamos con la barrera del orgullo que detiene las palabras en las comisuras, lo inminente, lo absurdo y busca razones, balbuceos, se atasca en acciones y consecuencias, irremediablemente necesario...

    deseo llegar a ti, pero tú no lo sabes,
    en tu paisaje solo hay un cielo;
    y tus ojos ausentes de mí
    y yo... pendiente de tu luz.

DESEO

He estado en el borde de la pared recostada y llevando una maravillosa secuencia de la vida que se construye a dos pasos y la puesta de sol en el costado opuesto a mis vértigos. Reconocerme desnuda y caminar en la persecución de mi misma, sin más ambición que la que llevo al espejo después de cualquier día rutinario, cuando no hay espera alguna y solo la nada viaja de costilla a costilla.

Esto de traspapelar los campos de las emociones, de olerte y tocarte y más allá de eso, acercarme sin miramientos, pero evadiendo en la comisura, el beso…

Asomo la mirada a tus ojos tan tristes como los míos. Estoy a un paso del abismo, abarcada dentro de las fronteras de un cuerpo, de unas manos enormes con las que mi cuerpo, de unas manos enormes con las que mi cuerpo sueña ser contenido…

ACERCA DE LA AUTORA

MARÍA ANTONIA SEGARRA

María Antonia Segarra (Grace X. Peña-Parra) nació en Santo Domingo, República Dominicana, el 2 de julio de 1968. Radicada en Puerto Rico desde 1985, donde culminó sus estudios en Relaciones Públicas y Literatura. Su pasión por la poesía la lleva a pasear por el existencialismo y un profundo conocimiento interno en una zafada y expuesta travesía desde muy temprana edad. Fascinada por el vínculo entre el suicidio y la literatura, participa en estudios basados en este tópico desde el 2012; y desde el 2015 es productora de teatro llevando la poesía a las tablas. En la publicación de su libro ***A veces no estoy Sola***, nos lleva a un laberinto desconcertante y melancólico donde el amor y la muerte, siempre danzan. Ahora nos sorprende con ***De la Ausencia y otros Herrumbres***, una propuesta a la existencia frente a la carencia; no sin antes pasarnos por el filo de sentirnos victoriosos y victimarios, rezagados al pie del olvido.